젓가락 끝에 피는 꽃

국립중앙도서관 출판시도서목록(CIP)

젓가락 끝에 피는 꽃 : 홍종빈 시집 / 지은이: 홍종빈. --
대전 : 지혜, 2013
p. ; cm. -- (지혜사랑 ; 096)

ISBN 978-89-97386-77-2 03810 : ₩8000

한국 현대시[韓國 現代詩]

811.7-KDC5
895.715-DDC21 CIP2013025978

지혜사랑 096

젓가락 끝에 피는 꽃

홍종빈

지혜

시인의 말

나는 이미
고향 물맛에 반해버린 연어다

지쳐가는 기력을
다시 열정으로 태우고 꺾은 힘으로
세 번째 여울을 넘는다

황홀한 산란이 어쩌면
나에겐 요원한 신기루일지도 모르지만
넘어지고 깨어지더라도 기어이
거슬러 올라야 한다

남은 혼신을 다 휘저어
홍건히 슬어두고 가야 할 내 분신을 위해
미친 듯이 치솟아야 한다

알다운 알을 슬 때까지

2013년 가을
홍종빈

차례

시인의 말 5

1부 어둠의 온기

씨 뿌리는 봄날의 풍경 12
대칭의 시하侍下 14
반 지하방에서 16
늙은 것은 통로가 있다 17
모래성 18
가시 19
계단 아래서 주운 것 21
어둠의 온기 23
포로게이션 24
핏물이 번져나는 곳 26
선홍빛 등불이고 싶다 27
파종 29
바람의 무덤 30
단비, 그녀 31
염낭거미의 사랑 32

2부 부르튼 저물녘

피고 지는 무대 34
체념의 시간 36
젓가락 끝에 피는 꽃 37
아린 덧칠 39
슬픈 무늬 41
관통 42
꺾꽂이 43
문리 트인 시인처럼 45
민망한 갈채 46
부르튼 저물녘 48
대칭 혹은 허상 49
행운의 꼴찌 50
집착의 늪 52
축복의 계절 53
장에 간 울 엄매 55

3부 맞장 뜨는 중이다

오솔길 58
선홍빛 아우성 60
서글픈 핑계 61
사막에서 62
버거운 소명 64
겨울 소리 65
기억 이전의 뜰 66
맞장 뜨는 중이다 67
목만 길어진 꽃 68
바람개비 69
박제된 시간 70
바람아 불어라 72
백비白碑 73
사랑의 변주 74
분홍빛 숨결 75

4부 아직은 대오 속이다

세상 뒤집기 78
부활은 유죄다 80
쌍시옷 먹기 81
애환의 길목 82
아직은 대오 속이다 84
여백의 맛 85
지금은 목욕 중 86
下心 87
결박의 시간 89
매운 연가 90
징검다리 91
찔레꽃 피다 92
앵두 익히는 기척 93
푸른 경전 94
쪽빛 사랑 95

해설 • 삶과 죽음의 경계에서 인간을 노래하다 • 이승하 98

• 일러두기

한 연이 첫 번째 행에서 시작될 때는 > 로 표시합니다.

1부

어둠의 온기

씨 뿌리는 봄날의 풍경

낙동강 강가에서
마흔을 갓 넘긴 상복의 여인이
유골을 뿌리고 있다.
4월의 햇살에 꽃가루처럼 흩어지는 유골,
수면에 잠시 수피水皮로 떠돌더니
물결 속으로 빨려든다.
가슴에 고여 있던 눈물이
비로소 긴 강물이 되어 흐른다.

낙동강 둔치에서
일흔이 훨씬 넘은 농부가 허리를 굽힌 채
씨앗을 뿌리고 있다.
농부의 굽은 등허리 위로
4월의 햇살이 꽃가루처럼 쏟아지고 있다.
농부의 손에서 뿌려지는 씨앗,
햇살 아래 슬쩍 몸을 뒤척이다가
흙 속으로 묻혀간다.
흙속에 묻혀
비로소 한 생이 길을 열어가기 시작한다.

멀리서 바라보면
강물과 둔치의 경계는 허물어져 있다.

물빛과 흙빛의 경계도 어느새 허공처럼 흐려져 있다.
유골을 뿌리는 여인과 농부가
봄날의 햇살 속에서 아른거리더니
기어이 한 무더기 아지랑이로 피어오른다.

뼛가루가 뿌려져 씨앗이 되고
씨앗이 뿌려져 뼛가루가 되는 것이다.

삶과 죽음이 가루로 뿌려져 하나의 뿌리로 묻히는 것을
먼 풍경으로 바라보는 봄날이다.

대칭의 시하侍下

아내와 마주앉아 아침밥을 먹는다
밀린 숙제를 하듯 열심히
각자의 입 속을 향해 수저질에 몰두해 있다
그 모습이 무릇
거울과 마주한 듯 대칭이다

아하, 이 세상은
단 한 올도, 단 한 순간도 하나일 수 없는
대칭의 구조라는 생각
아무리 가까운 부부라 할지라도
아내는 아내대로 나는 나대로 끝내 서로
마주한 채
영원히 각자라는 생각

태어남과 죽음이, 하늘과 땅이, 낮과 밤이, 과거와 미래가, 전쟁과 평화가, 가난과 풍요가, 만남과 이별이, 기쁨과 슬픔이, 동전의 양면처럼 그 어느 것 하나도 대칭이 아닌 것이 없다는 생각
이승의 근간이 대칭이라는 생각

언제나 난해한 숙제 속에 허우적거렸던 내 마음이
금세 둥둥

홀씨보다 더 가벼워진다
이승의 일원인 그대도 나도
감히 거역할 수 없는 대칭의 시하라는 생각

반 지하방에서

청소부 김씨가 반 지하방으로 퇴근한다
옹기종기 모여 있던 어둠들이
일제히 깨어난다
그가 온종일 쓸어 모았던 어둠이
그보다 먼저 들어와
방 한쪽에 길게 드러눕는다

무엇이든 흘러들면 어둠이 되는 방,
어둠이 어둠의 밥을 먹고 어둠의 잠을 자고
다시 어둠을 낳는 방,
지상도 지하도 아닌 여기는 반 지상 반 지하방이다

어둠과 어둠 사이로
햇살이 스치자 어둠이 더욱 환하다

꿈꾸던 햇살도 바람도 반만 불다가 사라지는 곳,
지상 사람들의 발자국이
반만 밟고 끊임없이 스쳐가고 있다
지상과 지하의 경계에서 그는
반 인간으로
반 죽음과 반 삶 사이에
반 잠을 청한다

늙은 것은 통로가 있다

옷을 입다 보면
늙은 것이 더 편하고 시원하다
오래 묵힌 술일수록 더 감칠맛이 나듯
늙은 것에는
이미 잘 숙성된 통로가 있다

어둠을 관통한 혼불처럼
돌무덤 속을 휘돌아 나온 들바람처럼
완숙된 소통의 통로,

찌는 듯이 더운 폭염 아래서
비지땀을 빼봐야
아무나 흉내 낼 수 없이
곰삭은 통로의 참맛을 아는 것이다

늙은 호박에 단물이 고이듯

모래성

감포 바닷가 백사장에서
젊은이 한 쌍이 오순도순 성을 쌓고 있다
벅찬 설렘에 젖어
모래성이라는 인식도 할 겨를 없이
층층이 쌓고 있다

먼발치에서 바라보던 나도
추억 속에 쌓아둔 한때의 성을 뒤져보고 있다
다독여가며 새겨둔 무늬를 찾아
철썩, 철썩, 내 가슴 속에
거품으로 부서지는 파도를 뒤지고 있다

파도는 끝없이 밀려와 모래를 적시고
모래는 결코
성이 될 수 없었다
모래로는 탑이 될 수 없었고 모래는
흔적을 남기지 않는다
모래의 꿈, 모래로 쌓은 사랑, 모래로 태운 불꽃,
층층이 쌓았던 그 모래성이
그리움의 민얼굴로 넘실거리는 이 저물녘
비릿한 바람만
내 등을 다독여주고 있다

가시

벌초를 하다 문득, 양손을
관 밖에 내보이며 간 알렉산더 대왕을 생각한다
베어도, 베어내도
해마다 다시 돋아나오는 아까시나무가
무덤의 늑골에서 뻗어 나와
알렉산더 대왕의 손처럼 내밀고 있다

무덤이 내미는 손,
아무 것도 쥔 것 없이
가시만 수없이 도사려 쥔 빈손이
낫을 쥔 내 손과 맞서서
급소를 노리고 있다

저승을 더듬은 손으로 다시 거머쥔 것은
부드러운 바람의 노래가 아니라
이승의 삶에서 익히고 또 익힌 빳빳한 독기였던가
찔릴수록 더욱 모질게 도려내는 내 손과
낫날이 속살을 파고들수록
더욱 새파랗게 독기를 내뿜는 무덤의 손,

내미는 족족 베어지는 손이지만
그 빈손의 뿌리는

까마득한 흙 속에 숨어 독한 가시를 키우고 있다
이승의 손으로는 감히 베어낼 수 없는
가시의 뿌리가
내 생의 한쪽을 깊숙이 찔러온다.

계단 아래서 주운 것

계단 아래서 주웠다 그것,
가장 높은 것을
가장 낮은 곳에서 우연히 주웠다
별 것 아니면서도 더할 수 없이 소중한 그것,
그것에 목말라 일생을 거는 것,
삶의 뿌리고, 줄기고, 꽃이고, 끝내 열매인 그것을
마음 다 부려놓은 계단 아래서
덩어리째 주웠다

너무 따뜻한 소리가 낯익어서
뒤집어 보고, 맛도 보고, 냄새를 맡아 보니
그것이 바로 내가
그토록 애타게 찾아 헤맸던 행복, 그것이었다

계단 위에는 없던 그것,
지나친 길섶마다 널려 있어
마음만 열면 얼마든지 주울 수 있었던 그것,
언제나 그림자처럼 나를 따라다녔던 그것,
잡는 순간 이 세상이
다 내 것이 되는 그 소중한 것을 눈앞에 두고
바보처럼 올가미 치켜들고
저물녘까지 찾아 헤맸던 그것을

마음 부려놓은 계단 아래서 어슬렁거리다 주웠다
오오, 이것이 바로
온기 자욱한 이승의 뜰인 것을

어둠의 온기

어둠뿐인 반 지하방이다
환경미화원의 새벽 리어카 소리에
하루가 깨어나는 이곳은 온종일 어둠뿐이다

바닥을 차는 발소리를
제 눈높이로 삼고 사는 곳이지만
이곳에도 온기는 있어
언젠가는 거목으로 치솟을지도 모를
뿌리를 키우고 있다

어둠은 온기의 모태인가?
무엇이든 흘러들면 온기로 품는 곳,
어둠의 품에서 밥을 먹고 잠을 자고 아이를 낳고
그 온기로 뿌리를 뻗는다
왁자지껄 흘러드는 여인들의 수다 소리에서부터
지친 발걸음 소리까지 다 온기로 품는 이곳,

어둠을 뒤져먹고 사는
두더지처럼 오로지 온기를 뒤져 물고
지상으로 나서면
우뚝, 거목으로 자리 잡을 수 있을 것 같아 오늘도
작두날에 올라서듯
계단을 딛고 오르는 어둠들이다

포로게이션

자동차를 몰고 나서면
어느새 아내가
네비게이션 안에서 말하기 시작한다.
또박또박 하느님처럼 말한다.
전방에 과속방지턱이 있습니다. 안전 운전하십시오.
나는 그녀가 시키는 대로 얼른
브레이크를 밟는다.
각인된 아내가 다시 말한다.
전방에 과속단속구간입니다. 과속에 주의하십시오.
나는 이미 길들여진 의식으로 재빨리
나를 밟는다.

어디로 갈까 묻지 말고
그림자처럼 오롯이 따라만 오세요.
당신이 한평생 달려온 그 질펀하고 굴곡진 삶도
거역할 수 없는 내 힘에 끌려 왔듯이,

목적지에 무사히 도착했습니다.
현관문을 열고 들어서면
그녀가 비스듬히 누운 채 다시 말하기 시작한다.
너무 늦게 들어오지 마세요.
내가 심심합니다.

제발 담배 피우지 마세요. 내 건강에 해롭습니다.
나는 여왕이고
당신은 영원한 내 포로입니다.

핏물이 번져나는 곳

고정관념을 벗고 보면
행주와 걸레는 같은 뿌리다 어느 날
문득 누군가에 의해
한 필의 천에서 행주와 걸레로 나눠지고 나면
아무리 깨끗이 빨아도 걸레는 걸레
행주는 죽는 날까지
기이이 행주여야 하는 것이다

살얼음판 위를 걷듯 아슬아슬한 이 세상에서
한 발만 잘못 내딛고 나서면
영영 벗어날 수 없는
절망의 나락으로 떨어지고 마는 것은
도저히 벗어날 수 없다고 믿는
고정관념 때문이다

관념은
태초에 엇갈린 하늘과 땅처럼
도저히 바뀔 수 없는 흰 낮과 검은 밤은 결코 아니다
상처가 상처에게 손을 내밀고
서로 스미다 보면
조금도 다를 것 없이 거기서 거기인데도
그들의 엇갈린 경계에선 언제나
핏물이 번져나고 있다

선홍빛 등불이고 싶다

나 이 세상에
딱 한 번만 더 올 수 있다면
선운사 대웅전 앞뜰의 배롱나무처럼
차지게 살다가
다시는 안 와져도 상관없겠다

오로지 한 사랑에 꽂혀
설레는 가슴을
선홍빛 뭉실뭉실한 꽃등으로 피우고 서서
제 속이 다 문드러질 때까지
열정만 피워내는
꼭 한 사람만의 등불이고 싶다

제 속내 다 비워주고
텅 빈 가슴 갈피마다 시멘트로 채우고도
백일홍으로 만발한 채 서 있는 저 늙은이의 파안처럼
은애하는 누군가의 등불이 되어
한 세상 지키고
다시는 안 와져도 상관없겠다

나 이 세상에
딱 한 번만 더 올 수 있다면

오직 뜨겁게 밝힐 한 사랑에다
전 생애를 거는
선홍빛 등불이고 싶다

파종

검불 우거진 무덤에 난 구멍
그 구멍 속으로
들쥐 한 마리 바쁘게 들어간다
그 뒤를 바람 한 점
싱그러운 햇살을 물고 따라 들어간다
한동안 그늘이 구멍을 맴돌고
눈빛 반질해진 들쥐가
사방을 두리번거리며 구멍 밖으로 나온다
들쥐가 물고 나온
죽음 한 점
기름진 햇살에 반짝인다
일생을 재도 다 잴 수 없는 한 길의 간극
그 간극을 감히 넘나들며
알알이 물어 나른
죽음의 씨앗이
이승 구석구석에 뿌려지고 있다

바람의 무덤

유학산 기슭 다부원에 바람이 분다
철쭉꽃 지천으로 진다
바람이 진다
피비린내 나는 바람이 진다
무덕무덕 떨어지는 6월의 바람에는
통곡이 물든 채
뚝, 뚝, 철쭉꽃으로 지고 있다
두 동강이 나버린 산하를 휘돌아온 바람이
가지마다 송이송이
피 묻은 울음으로 피었다 지는 것이다
저 자태도 향기도 다 바람이다
가슴 설레던 속삭임도 자진 북소리도 다 두고
제 혼자 꾸덕꾸덕 말라가는 바람,
한 시절 내내
제 생살을 물어뜯으며 피었던 바람이 끝내
울음으로 지는 핏빛 적멸,
그 끝에 내가 있다

단비, 그녀

지난밤
우렁각시로 다녀갔다
메마른 내 들판
나날이 목만 길어져 가는
보리밭을 지나
묵은 장독대 말끔히 씻어놓고 갔다

색색의 꿈을 지천으로 데려다
두레상 차려놓고
그리움마저 슬어두고 간 그녀,
내 마음 갈피마다
긴 꼬리
마디마디 묻어두고 갔다

그 맵짠 손끝으로

염낭거미의 사랑

풀밭 어디선가 나도
염낭거미의 둥지를 본 적이 있다
무심히 지나친 둥지,
오늘 어느 TV프로에서 다시 본 그 둥지는
내 가슴을 찌르는
깊이를 가늠할 수 없이 숭고한
어미의 사랑이 넘실대는 화엄의 바다 그것이다
숭고하다는 단어로는 감히 닿을 수 없는
내 어머니의 희생 같은 그것,
한 점 망설임 없이
제 육신을 통째 먹잇감으로 내어주고도
희열에 들뜨는 그것,
터럭 한 점 남기지 않고 게걸스럽게 다 뜯어먹고도
입 발린 조사 한 줄 없이
입맛만 다시며 떠나가는 망나니들 속에
나도 함께 끼어 있었다
인두겁을 쓰고

2부

부르튼 저물녘

피고 지는 무대

꼭두각시 하나 등장한다
묵은 장독대 받침돌을 비집고
어린 들쥐 한 마리 불쑥 무대 위로 등장한다
처음이자 마지막일 무대로
두리번거리며 등장하는 저 배우의 눈빛은
어느 엄한 연출자가
억지로 등 떠밀어내는 어색한 동작이다

조역은 없고
모두가 주인공인 무대에서
쉼 없이 사랑하고 증오하고 때로는 이별하다 슬퍼하다
끝내 등 떠밀려 퇴장하는 배우들,

나는 사람의 형상으로, 너는 들쥐의 형상으로
또는 날짐승으로 물고기로
나무들과 풀들과 벌레들과 어우러진 추임새 따라
또 들쥐각시 하나 등장하고 있다

주어진 배역대로 불쑥
불이 되고자 불속으로 뛰어드는 불나비처럼
억지로 등 떠밀려 나오는
저 여린 들쥐의 모습이 어쩌면

언젠가 또다시 등장할 나일지도 모를 일이다
끝없이 피고 지는
이 무대로

체념의 시간

슬픔이 걷고 있다
한적하게 흐르는 낙동강물이 금빛으로
비늘 지는 강변에서
서로 부둥켜안고 자지러지는 고추잠자리 옆을
뒤늦은 슬픔이 걷고 있다

강바람이 흔들어대는 달맞이꽃대 끝에
아랫도리 맞붙인 채
파르르 떨고 있는 저네들의 전율이 낯설다
저 낯선 전율이 바로
화엄을 꽃피우는 악기라는 것을
한 시절이 다 지난 저물녘에야 겨우 깨닫는다

이 아둔한 의식은
언제나 한 박자씩 뒤늦은 선혈,
하늘이 쩍 갈라지고 지축을 뒤흔들던 천둥 속에서도
서로 마주 부서진 무늬 따라
가슴속에서 휘젓던 고래소리는 진작 죽었다

서로 어긋나게 내달리느라 이미
비늘 진 체념의 시간
그 끝자락에 와서야 타박타박 조등 하나 들고
뒤늦은 허탈로 걷고 있다

젓가락 끝에 피는 꽃

처절한 꽃이다
젓가락 끝에 집힌 빙어가
제 한 생이 통째로 으깨지는 최후의 순간까지
티 없이 맑은 속을 드러내 보이며
처절한 꽃을 피우고 있다

한 올 타협의 여지도 없는 나락에서도 오직
순수만 고집하는 그로서는
제 영혼 밑바닥까지 다 까발려도
한 점 부끄럼 없는
그 신념의 꽃을 위해 목숨을 걸었다는 거다

혼돈의 시대에 휘말려
끝내 으깨져간 양심수들이 그랬고
무참하게 짓누르는 가난에 으깨지느니 차라리
제 그림자마저 끌어안고
아파트 15층 아래로 투신한 어미의 선택이 그랬다

조선의 아들임을 오로지 긍지로 품고
조국독립의 무게에 짓눌려
먼 이국땅의 외로운 들꽃이 된 내 외할아버지가
으깨질 줄 뻔히 알면서도

끝까지 피울 수밖에 없었던 그 꽃,

흙탕물에 빌붙어 사는 미꾸라지들에게는
등골이 섬뜩할

아린 덧칠

참 아린 덧칠이다
다 저물녘 주차장 바닥에 퍼질러 앉아
페인트 덧칠에 몰두한 늙수레한 인부의 뒷모습이
말년의 내 어머니를 닮아
나에겐 남달리 아린 그리움이다

정신을 놓는다는 건
이 세상 모든 굴레에서 벗어나는 일,
돌덩이처럼 굳어버린 노인과 말랑거리는 철부지가
어머니의 한 몸에 있었다

당신의 등불은 이미 꺼져가고 있으므로
사려둔 무늬들만 남아
저물녘까지 버겁게 짓누르던 그 무늬를 지우느라
열심히 덧칠만 해대던 내 어머니,
당신의 이름도 나이도
그토록 애지중지 다듬은 아들딸의 기억조차도
한 올 남김없이 지우던 내 어머니,

흙탕물 질척이는 늪 속을 건너느라 차곡차곡 쟁여둔
애환의 찌꺼기들을 쏟아내
이승 구석구석에 얼룩진 당신의 비린 흔적들을

알뜰히 지우던 그 몸짓은
값진 낙화를 예단한 최후의 퍼포먼스,

철부지를 달래듯
엉너리를 쳐가며 참 난감하게 씻겨드릴 때면
가물거리는 그 등불로
민망하게 두 무릎을 오므리던 소녀, 나는
나날이 지워져가는 그 흔적을 다시 살려내려 애썼고
당신은 점점 더 알뜰히 지우던 그 덧칠이
지금도 나에겐 아린 그리움이다

슬픈 무늬

마주 바라만 보고 있다
거역할 수 없는 손에 빚어진 백자 속에
당신은 목이 긴 사슴으로
나는 다리가 긴 학의 무늬로 갇혀
합일을 꿈꾸며
서로 마주 바라만 보고 있다

언젠가 활짝 하늘이 열리는 날
서로 마주잡고 휘저어야 할 우리의 날갯짓은
그토록 몸서리친 별리의 끝,

이승 바닥에다 내동댕이쳐 산산이 부숴버려도
부서진 조각 하나하나를
성난 구둣발로 으깨버려도 이제 다시는 그 원래의
白土로 돌아갈 수는 없는 것,

당신은 나날이 목만 길어져가는 사슴으로
나도 덩달아
다리만 길어져가는 학으로 갇혀
서로 마주 바라만 보아야 하는 우리는
끝내 슬픈 무늬

관통

푸른 와불이 되셨다
들꽃향이 극락교를 넘나드는 선운사 들머리
천살은 족히 됨직한 느티나무불 한 분이
부도전을 향해 모로 누우셨다

해탈의 제복인 듯
파아란 이끼 징삼 걸쳐 입고
오랜 세월 벼르고 별러 바닥이 되셨다

언젠가 때가 되면
다시 벌떡 일어나 미륵불로 오시려고
넉넉한 그늘 다 나눠주고
텅 비운 가슴속을 활짝 열어젖힌 채 누워있다

버거운 화두 한 꼭지에 매달려
천년을 앓아온 당신,
기뻐하고 슬퍼하고 사랑하고 미워하고
때로는 증오하는 우문愚問에 시달리느라 기어이
피안에 들어 현답賢答이 되셨다

피 묻은 속살 한 점 한 점 다 덜어내고
정토의 통로가 되셨다

꺾꽂이

멀뚱거리고 있다
해묵은 사진첩을 들추자 진작
세상에서 잊힌 채
미라처럼 풍장된 은행잎이 멀뚱거리고 있다
형제들에 둘러싸여 자지러지며
나날이 부푸는 꿈 따라
가슴 설레던 한 시절을 다 움켜쥐고
옹골찬 빛으로 물들었던 그 자태는 어디 두고
주검의 길목에서 서성이고 있다

생의 끝자락에 다시 기저귀 차고 이미
세상에서 잊힌 채
미라처럼 풍장된 한 아버지가 멀뚱거리고 있다
아들딸에 둘러싸여 자지러지며
나날이 부푸는 꿈 따라
가슴 설레던 한 시절을 다 움켜쥐고
옹골차게 날갯짓하던 그 모습은 어디 두고
대구시립요양원 눅눅한 병실 한 구석에서 수년째
죽지도 살지도 못해 사육되고 있는
아흔한 살의 내 자형이
생사의 길목에서 서성이고 있다

>

은행잎과 내 자형의 경계가 허물어져 가고 있다
삶과 죽음의 경계도 이미 무의미해졌다

더 이상 불지 못하는 바람으로 잊혀져가는 그들이
탯줄의 눅눅한 향기를 꺾어
칼등 같은 이승의 경계에다 아닌 듯 심고 있다

문리 트인 시인처럼

관념을 말리고 있다
수백 톤급은 족히 됨직한 하얀 범선 두 척이
팔공산 중턱에 과감히 정박한 채
젖은 관념을 말리고 있다

수시로 뒤집히는 디지털세상에서
굳이 바다에만 항구가 있어야 된다는 것은 편견이다
고단한 몸 누이고 쉬는 그곳이 바로
지친 이의 항구인 것을,

박힌 돌을 뽑아내야 새밭을 일구듯
옹골차게 일구고 정박한 이 산중턱 새 항구에서
오대양을 다시 누빌 그 꿈을
나날이 벼리며 포효하는 뱃고동소리 참 싱그럽다

때에 찌든 깃발 대신
색색의 만국기를 펄럭이며 타협한 새 항구에서
문리 트인 시인처럼 뽀송뽀송하게
젖은 관념을 말리고 있다

과감히 정박한 그 뱃전에 나도 과감히 올라
쉰내 나는 의식을
커피 한 잔에 저어 말리고 있다

민망한 갈채

감탄사를 쏟아내고 있다
시련의 무게에 짓눌려 피멍든 나를 두고
뭇 사람들이 몰려와
아름답다고 마구 감탄사를 쏟아내고 있다
저 뜨거운 찬사는
긴 여정에서 듣는 어색한 위로,

혹독히 치러야 할
변태의 고통을 감내하고서라도
기어이 벗어나야 하는 이 빛 좋은 허울이
굳이 곱다고 법석을 떠는 것은
바라보는 이들 자신도
역광의 시간에는 더욱 아름답기를 바라기 때문이다

함께 건너온 한 시절 내내
천둥번개가 몰고 온 비바람에 맞서느라
피멍이 든 흔적임을
그들은 이미 다 알고 있기 때문이다

하루를 힘겹게 버텨낸 해가
상처란 상처는 죄다 노을빛으로 벗어놓고 가듯이
색색으로 벗어놓는 이 허울을 두고

뭇 허울들이
민망한 갈채를 보내고 있다

부르튼 저물녘

뜨거운 속살을 먹는다
거뭇하게 탄 군고구마의 껍질을 벗겨 내고
채 식지도 않은 노오란 속살을
허겁지겁 먹는다
한 입 베어 물고는 경기를 하듯
삼키지도 뱉어내지도 못한 채 쩔쩔매고 있다

얼얼한 후회만 한 입이다

내 젊어 한때의 사랑도 그랬지
한 입 베어 물고는
삼키지도 뱉어내지도 못한 채 쩔쩔매다 끝내
얼얼한 후회만 남은 사랑
군고구마의 속살처럼 참 탐스럽게도 다가왔었지

뜨거웠던 기억보다
식고 난 이후의 쓰라림이 더 오래 남았지
그 쓰라림에 젖은 그림자가
수시로 울컥, 울컥, 생혈로 넘어오는 울대여

부르튼 저물녘이여

대칭 혹은 허상

아파트 벽면에
검은 벽화가 대칭으로 그려져 있다
도타운 햇살이 수시로
제 물감을 풀어 그린 목련 그림이다

밝은 것들은 언제나
제 검은 물감을 한 입씩 뿜어내 무엇이든
대칭으로 그린다
그러나 그 그림은 언제나 허상이다

맑은 날 호수 속을 들여다보면 안다
물속에 그려진
산과 나무와 새들의 날갯짓과
바닥에 가라앉은 하늘과 구름과 바람까지도 허상이다
빤히 들여다보고 있는 나도
허상인 채 대칭이다

검은 꿈, 검은 나래, 검은 추억, 검은 마음, 검은 애증이
바람 따라 대칭으로 일렁이고
명암明暗 따라 일어났다 사라지는 것들,
한소끔 끓다 지워지고
수시로 다시 그려지는 먼 이름처럼 언제나
허상은 대칭이다

행운의 꼴찌

한쪽 날개 부러진 풍뎅이가
거꾸로 뒤집힌 채 제자리만 맴돌고 있다
비상의 미련을 접지 못해
한사코 버둥거리는 저 좌절의 몸부림 앞에
추락의 낌새를 맡은 개미 떼가
군침을 흘리고 있다

짝 잃은 날개로는
나락으로 떨어지는 별똥별처럼
바스러진 꿈과 함께 끝없이 추락할 뿐이다

부질없는 날갯짓에
슬픈 수의처럼 노을이 덮여오는 일몰의 시간
푸른 꿈 부풀던 시절 다 지나
지친 날개 접어야할 생의 끝자락에 와서야
나도 철이 드는가 보다

지루한 장마에 지치고 나서야 비로소
너무 눈부셔서 성가시던 햇살의 소중함을 알듯이
너무 쫑알거려 성가시던
그 한쪽 날개가
한 세상 훨훨 날 수 있었던 내 짝꿍이었음을

뒤늦게라도 알게 된 나는
행운의 꼴찌

집착의 늪

해거름 강둑길에
볼수록 섬뜩한 암사마귀 한 마리 죽어 있다
앙칼진 독기만 세우던 그녀가
잘근잘근 씹다 버린 껌처럼 무참하게 밟혀 있다
자손만대 이어갈 자궁으로
제 남자의 순정과 육신을 송두리째 먹어치우던
그 암사마귀의 주검이다

머리부터 아작아작 씹어 삼키던 섬뜩한 자궁은
바스러지는 소리 질펀한 집착의 늪,

혈기 왕성하던 시절
바스러져가는 제 심장 소리 들으며
깊은 늪에 빠져 허우적거리던 시절 내게도 있었다
보잘것없는 무늬로
속수무책 밟히고 있는 저 주검 앞에서 나는
그 시절을 떠올리며 문득
걸음을 멈춘다

오르가즘의 여운처럼 풀잎 가늘게 떠는 강둑길을
팔짱 낀 젊은이 한 쌍이 소곤거리며 또
그 주검을 밟고 지나간다

축복의 계절

상큼한 가을 창밖에서
낙엽들이 하나 둘 빙글거리며 떠나고 있다
형기를 다 채운 가벼운 눈빛,
채우면 채울수록
더욱 가벼워진 풍선처럼 훨훨 떠나고 있다

저 개운한 눈빛은
태초에 정해진 질서 그대로
홀가분하게 떠날 수 있게 됐다는 안도감일 것이다
빌렸던 자리 선뜻 비워주고
훌쩍 떠날 수 있다는 것은 분명한 축복이다
차면 기울고 기울면 다시 차서
이 세상은 끝없이, 끝없이 이어져야 하기 때문이다

한 올 미련 없이 떠나고 있는 저 낙엽처럼
행복한 작별을 위해서는
모름지기 떠나야 할 때가 있는 것이다
때맞춰 떠날 수 있다는 것은
누가 뭐래도
우리네 한 살이의 마지막 행운인 것이다

대구시립요양원 병실 한쪽 구석에 처박혀

수년째 사육되고 있는
아흔한 살의 내 자형을 보면

장에 간 울 엄매

해거름 냇가에 매인 염소 한 마리가
엄매, 엄매, 엄매,
내 어린 시절을 거슬러 울고 있습니다

새벽밥 먹고
강 건너 왕복 팔십 리 길 성주 장에
염소 사러간 울 엄매는
땅거미가 다 내리도록 오시질 않았습니다
이미 저녁밥 먹은
별들은 떼 지어 밤 마실 나오는데
허기진 우리 남매
두 눈 쫑긋이 세우고 기다려도 오시질 않았습니다

다섯 살에 아버지 여의고
내 세상의 전부였던 울 엄매는
염소소리 기어이 끌고서야 깜깜하게 돌아왔습니다
누나 손잡고도 무서워 초롱불 들고
산모롱이로 마중 나갔던
까마득히 먼 그 시절로 나를 데려다 주는 소리
엄매, 엄매, 엄매,
60년을 훌쩍 거슬러 울고 있습니다

>

아직도 기억 생생히 남은 내 생애 최상의 봄날
내 가슴 아랫목에 아련히 매인 소리
엄매, 엄매, 엄매

3부

맞장 뜨는 중이다

오솔길

오솔길이 나는 좋다

뒷짐 지고 어슬렁거리며 걸어도
싱겁지 않고
듬성듬성 모난 돌부리 박혀 있어
심심치 않은 길,
서로 눈치껏 팔 벌리고 둘러선 나무들이
耳目 막아주는 굽이마다
쉬어갈 꽃자리 있어 아늑한 길,
어머니의 품속처럼 쌕쌕 단잠이 밀려오는 길,
회귀의 본능인 듯
날선 고속을 피해 너도나도 찾아오는 길,
언제나 숨통을 확 틔워주는
그 오솔길이 나는 좋다

배 꺼진 무덤가에서
타인의 몸으로 피어난 구절초와 눈 맞춰가며
자궁처럼 포근한 오솔길에 젖어들면
태초의 고요에 안겨
다시 한 번 응애응애 울어보고 싶어진다
그 여린 울음 속에는
고즈넉한 산등성이가 자욱히 머금고 있는

요람 같은 정적과
질긴 탯줄이 이어져 있기 때문이다

그 탯줄 끝에 내 무덤이 있다

선홍빛 아우성

상큼한 가을이 색색으로 넘나드는
문경새재 들머리
문경사과축제 행사장에서
선홍빛 잘 익은 꿀사과 한 상자 사왔다

상자 속에서 종소리가 난다

켜켜이 익은 저 종소리는
누군가 숨 가쁘게 망루에 뛰어올라
세상을 들깨우는 호적소리처럼 상큼하게
붉어진 소리다

한 줄기 비바람을 풀무로 지어
햇빛을 녹이고 달빛을 녹이고 새벽 단잠을 녹여
노오란 속살로 채워지기까지
이를 악물고 완숙시킨 농부의 심장 소리다

행간 행간을 꽉 채운 저 단물이
상큼하도록 아삭거리는 꿀사과로 인정받기까지
불안한 틈새에서 떠는 문풍지처럼
오금 저린 무늬로 토해내는
선홍빛 아우성이다

서글픈 핑계

낙엽은 아름다워야 한다
색색의 낙엽과 꽃은 다 같이 지는 허물이지만
낙엽은 꽃보다 더 아름다워야 한다
상처의 흔적뿐인 낙엽이
굳이 꽃보다 더 아름다워야 하는 것은
누구도 대신할 수 없는 고뇌의 피멍이기 때문이다

살아 숨 쉬는 모든 것은
언젠가는 낙엽으로 져야 하는 것,

어느 날 문득 나도
시공의 행간을 가로질러 훨훨
한 줄기 화한 박하향기처럼 오는 듯 가야 한다
아무도 흉내낼 수 없이 아름다운
나만의 고고한 빛깔로
반드시 꽃보다는 더 아름답게 져야 하는 것이다

이제 막 떨어지는 낙엽 위에
저녁노을이 짙게 젖어드는 가을의 끝자락에 서서
황홀했던 그 고뇌 속의 나날을 뒤적이며
꽃보다는 더 아름답게 져야 할
핑계를 찾고 있다

사막에서

딱딱한 길로만 다녀본 나에게
사막은 뜨겁고 포근한 가슴을 활짝 열어주었다
진정 행복한 삶이란
얼마나 빨리 달리느냐가 아니라
얼마나 뜨겁게 사느냐가 문제라는 듯
사막은 오로지 뜨거운 가슴으로 나를 안아주었다

빛이 뜨거울수록 그림자도 짙듯이
사막은 무엇이든
바수어 뜨거운 가슴을 만들고 있었다
굴절된 시간을 바수어
이글거리는 하늘과 맞닿은 지평선을 만들고
꿈을 바수어 신기루를 만들고
별빛 향기를 바수어
보드라운 은빛 모래 언덕을 만들고 있었다

아직 뜨거운 가슴이 선망으로 남아있는 나에게
광활한 사막의 여백이 이글거리며 묻는다
지금껏 네가 정작 찾아 헤맨 건
포장된 고속이 아니라
이토록 뜨겁게 이글거리는 삶이었을 거라고,

>

오직 작열하는 햇살과 모래와 언덕과 바람과
끝도 없이 뻗은 여백이
화끈한 가슴으로 나를 꼭 껴안아주었다

버거운 소명

가로수가 신음하고 있다
비탈진 도로 옆에 처박힌 채 자동차를 업고
신음하고 있는 가로수는
위험지역을 지키고 있던 그늘 많은 은행나무다

과속의 관습을 가진 승용차가
수십 길 낭떠리지로 대책 없이 뛰이내렸으나
지킴이인 가로수로서는
도저히 그냥 두고만 볼 수가 없었던 것이다

제 몸이 으스러질 줄 뻔히 알면서도
끝내 가로막고 나선 저이는
오금이 저리면서도
돌진해 오는 탱크 앞을 맨몸으로 가로막았던
6·25 전쟁 때의
어느 한 이름 없는 병사처럼 사생결단으로
소명을 다하고 있는 것이다

버거운 소명 위에
죽음의 그림자가 자욱히 드리워진 저녁나절
산골의 한 이름 없는 가로수가
물기 없는 세상을 통째 제 등허리에 업고
소명을 다하고 있다

겨울 소리

눈 내리는 날 밤 겨울산은
쩡, 쩡, 쩌엉, 쩡,
나무가 꺾이는 소리로 깨어난다
솜털 같은 눈발의 속삭임에
기어이 스스로를 꺾으며 일어난다

오랜 결심처럼 뚝 부러져주는 단호함이
쩡, 쩡, 쩌엉, 쩡,
온 산을 들깨우고 있는 것이다

그 단호함이 때로는
청명한 달밤 솔바람 소리 내어
바위틈에 쪼르르 다람쥐 숨겨주고
시나브로 마른 잎도 덮어주는 여백도 있다

온몸을 꺾는 겨울산의 소리는
태초의 말씀 이전부터
우리의 가슴 밑창을 두드리는 잠언箴言이다
바늘 하나 꽂을 여유조차 없는
메마른 가슴에
푸른 수액을 돌게 하는 소리다

기억 이전의 뜰

"아 ~ 시원하다"
온탕에 몸을 담글 때마다
나도 모르게 튀어나오는 이 탄성은
내 몸의 원초적 촉수들이 맛본 낯익은 감탄사다

비지땀을 흘리면서도
굳이 또 온당에다 몸을 담그는 것은 내 몸이
기억 이전의 뜰에서 뒤져낸
양수 맛이기 때문이다
고래심줄 같은 七情의 굴레에서 허덕일
내 영혼을 빚었고
그 굴레를 짊어지고 버텨낼 내 몸뚱이를 키워낸
신령스런 물맛이기 때문이다

허기진 촉수들이 잽싸게 낚아챈 그 그리움은
향기 짙은 고향 물맛에 취해
미친 듯이 치솟아 오르는 연어의 몸짓 같은 것,

형체도 없이 떠돌던 바람이
천만리 먼 장벽을 넘어와 색색의 꽃을 피우듯
뜨겁게 피워내는
내 기억 이전의 뜰이다

맞장 뜨는 중이다

내가 사는 아파트 계단을 내려가면
긴 대걸레를 휘두르며
날마다 일전을 치르고 있는 그녀를 만날 수 있다
절벽 끝에 발목 잡힌 나무처럼
가파른 운명에 멱살 잡혀 몸부림치는 그녀,
이름도 가족사도 모르지만
옆 얼굴에서 묻어나는 그늘이 얼음장 같다

까마득한 계단 아래서
출구 하나 없는 가계를 업고
아물거리는 신기루를 쫓아 오로지 돌격 중이다
지뢰밭 같은 나날 속에
기어이 건져내야만 할 한 줄기 빛을 찾아
하루를 팔아 하루를 더는 그녀,

고속 엘리베이터가
눈앞에서 오르내리고 있어도
까마득한 계단 하나하나와 일일이 드잡이를 하며
일전을 치르는 그녀는
거친 파도와 맞서는 등댓불처럼
제 몸을 태워 비로소 제 구실을 하느라 오늘도
오로지 맞장 뜨는 중이다

목만 길어진 꽃

꽃무릇과 마주 서 있다
붉은 아우성 자욱한 도솔산 오솔길에서
장승처럼 우두커니 꽃무릇과 마주 서 있다

피 묻은 그리움을 꼿꼿이 세우고
지천으로 핀 저 꽃들이
차마 제 속내 다 전할 길 없어
목만 길게 빼고 선 몰골이 나를 닮았기 때문이다

저토록 애잔한 가슴에
해마다 다시 마중물로 피어나는 꽃,
올 가을에도 또
핏빛 그리움만 높이 뽑아들고 서 있는 그대여!
기다림에 지친 그대 앞에서 나도
덩달아 그리워져
가슴 밑바닥까지 다 풀어헤치고 있다

해마다 아린 무늬만 늘여가는 여기
노을 따라 그리움이 더욱 간절해지는 저물녘까지
먼 이름 하나 더듬으며 나도 우두커니
목만 빼고 서 있다

바람개비

나는 바람개비다.
빨간, 파란, 노란, 흰 종이로
색색이 접힌 바람개비였다.
내쳐 달릴 때마다
내 날개는 각각의 훈풍을 안고
각각의 빛깔로 돌았다.

1950년 그해 여름, 내 일곱 살 정수리에 천둥이 치고 비바람이 몰아쳤다. 흠뻑 젖은 날개는 포연을 안고 돌아야했다. 무참히 할퀴고 간 그 비바람, 날 선 발톱에 할퀴어본 사람은 안다. 그것이 무엇을 남기는가를, 지울 수 없는 상처를 안고 부러질 듯이 돌았다. 오로지 허락된 방향으로만 돌았다. 정해준 색깔로만 멍들어야 했다. 내 여린 나이에다 새빨갛게 피 칠을 했다가, 새파랗게 질리게 했다가, 끝내 샛노란 그리움으로 남은 그 비바람,

60년이 지난 지금도 나는 바람개비다.
때로는 비린 바람을 안고
가시밭길을 휘돌아 온 가시바람을 안고
허공을 헤매다 온 빈 바람을 안고
덜컹거리며 도는 바람개비다.

박제된 시간

이미 박제된 시간이다
해묵은 사진첩을 들추자 뚜벅뚜벅
박제된 시간이 걸어 나온다
햇살 좋은 봄날
툇마루에서 앉아 십자수 놓는 예쁜 누나가
최신 유행가를 흥얼거리던 그곳,

돌담장 따라 봉선화 채송화 맨드라미 피어나고
앵두나무 살구나무 돌배나무가
철 따라 열매를 익히면
바둑이가 컹컹 달님에게 고백하는 밤이 있고
마디마디 툭툭 불거진
어머니의 손가락을 빼닮은 대나무들이 스스럼없이
뒤란에서 서걱거리던 그곳,

얼마나 버거웠을까 그 지친 어깨
잠시라도 기대어 볼 작은 언덕 하나 없이도
오지게 익혀낸 오 남매는
당신을 송두리째 불살라 얻어낸 적멸의 사리,
그 사리들 품어 안고
연약한 허리가 활처럼 휘도록 지쳐가던 먼 어머니가
인자한 모습 그대로인 채 고스란하다

>

수렁 진 늪길을 건너듯
질퍽거리는 한 시절을 건너면서도
서로 손 마주잡고 버텨내던 한 가계의 진한 향기가
담장 너머로 넘쳐나던 꿈의 둥지,
오로지 신앙처럼 기도처럼
그 둥지 하나에 매달려 시들어간 어머니와 누나가
박제된 시간 속에서
활짝 웃으며 걸어 나오고 있다

바람아 불어라

깃발은 미쳐야 제 맛이다
왜관온천 창문에 비친
칠곡군청 옥상의 태극기가 죽어 있다
황산벌에 엎어진 계백의 깃발처럼
전의를 잃고 기가 죽었다
밀려오던 신바람이 죽어 따라 죽은 것이다
바람 꺼진 풍선처럼
신바람 꺼진 깃발의 상징은 이미 죽은 것이다
미쳐 날뛰어야 할 그 상징의 아우성은
첫 깃발을 꽂으며 규정해 놓은
무소의 뿔,
꿈꾸는 깃대 끝에 나래 활짝 펼
이상 높이 걸고
바람아 불어라 천년만년 불어라
깃발답게 미치고 싶다

백비白碑*

슬픔을 세우고 있다
앙상한 고목이 다 되도록
내 가슴속에 둥지 틀었던 오색딱따구리가
그리움만 두고 간 그 자리에
슬픔덩이를 세우고 있다
지금쯤 어느 외진 하늘가를 떠돌며 밤마다
울음 글썽일 그대 앞에
새하얀 국화 한 송이 바치며
둘만이 더듬을 수 있는 밀어를 세우고 있다
어긋난 인연을 버무려
내 여생의 솔기마다 서성일 그대여!
아린 속내 다 삭히느라 피멍든 무늬들 품고
혼불이 된 그대여!
그대가 머물렀던 자리마다 어린 그 온기로
고이, 백비 하나 세우고 있다

* 백비 : 섣부른 비문이 원래의 뜻을 훼손할까 봐 비워둔 비석.

사랑의 변주

처절한 몸부림이다
심심풀이로 마실 나온 바람이
화왕산 꼭대기까지 한달음에 달려와서는
가슴만 흔들어놓고 가는 것이
억새로서는 너무
아프고 야속했던 것이다
연연해 오넌 것을 체념해버리는 그 순간부터
삶은 이미 벅찬 시련인 것,
나날이 덧나가는 생채기에 시달리다 못해
바람손이 제 몸에 닿기도 전에
이미 제가 먼저 피했다 다시 일어서는 그들이다
아린 상처 한 아름 안고도
밀려오는 그리움 앞에서는 대책이 없어
흐느끼고만 있던 그들이 이젠
제 몸을 통째 벼린 날선 칼날로 치켜들고
쉼 없이 휘두르고 있다

분홍빛 숨결

뜨겁게 춤추는 동안 그들은 하나다
분홍빛 리듬에 맞춰
오로지 한 분위기에 꽂힌 그들은
하나라는 생각조차 할 겨를도 없이 하나다

묻어둔 시간에 묻혀
음악에 취하고 젊음에 취해
현란한 스텝 하나하나에 몰입하는 동안
뜨겁도록 끓어오르는 분홍빛 숨결만 있을 뿐이다

싱그러운 의식 속에 술렁이는 두 가슴을
오직 하나로 엮는 가교의 시간,
파꽃 한번 오지게 피워내던 시절로 한눈을 팔다가
목련 지는 소리에 둥둥 귀를 기울이다가
박자를 놓쳐 스텝이 꼬였을 때도
금세 서로 마음 버무려
흔적 없이 짜맞춰가는 동안 그들은 하나다

그토록 감미롭던 음악소리가 문득
소음으로 들리는 날
서로 마주 잡고 흔들어대던 숨결에서는 물씬
비린내가 풍길 것이다

4부

아직은 대오 속이다

세상 뒤집기

확 뒤집어본다
굳은 의식에 갇혀 저녁 강둑을 서성이다
강물 속에 거꾸로 처박힌 채 밤새
자지러지는 불빛 따라
내 가랑이를 벌리고 엎드려 나를 뒤집어본다

꼬장꼬장한 직립의 관념을 잡고
거꾸로 뒤집는 순간
낙동강물이 하늘 끝 유유히 은하수로 흐르고 있다
달도 별도 내 마음도 그리움도
은하수 속에 거꾸로 처박혀 자지러지고 있다

반딧불이 된 자동차 불빛에서도
거꾸로 매달려 건들거리는 달맞이꽃대에서도
어둠이 품은 정적에서도 바람에서도
금세 나래가 돋는다

강물 속에 거꾸로 처박힌 저 불빛의 꿈도 향기도
그의 굳어버린 의식도
뒤집어져야 비로소 자지러질 수 있다는 것,
나를 뒤집는 순간
비로소 새 눈이 열리고 날개가 돋아

미끈한 꿈들이 허공 가득 훨훨 날아다니고 있다
끼룩끼룩 물오리 떼 모여들고

부활은 유죄다

새 움이 돋고 있다
죽어가던 고목의 밑동에서
진작 잊힌 줄 알았던 연둣빛 새 움이
빠끔히 돋아나고 있다
멋쩍은 듯 흔들리는 저 눈빛은
저승 문턱까지도 놓지 못한 미련의 부스러기다
그 미련의 응답이 바로
이미 쾅쾅 못질을 해둔 관 뚜껑의
실낱같은 틈새를 비집고 나오는 민망한 부활,
해맑은 눈빛으로 내려다보는
하늘의 면전에서
늦바람 피우다 들킨 노인네의 표정처럼 멀쑥하다
이미 한 금 긋고 지나간 설렘이
죽어가던 고목의 밑동을 다시 들쑤시는 봄날
노구를 관통하는 전율 따라
새삼스레 콩닥거리는 심장소리가 죄스러워
고개를 숙이고 있다

쌍시옷 먹기

자상한 초등학교 때 은사님이
가끔씩 문자메세이지를 보낼 때마다
쌍시옷이 서툴러 시옷 둘을 따로 따로 보내셨다

그 찢어진 시옷을 이어 붙이듯
팔순이 가까웠어도 예쁜 애인 하나 끼고 사셨다
십여 년 전에 사모님을 잃고
외로운 시옷끼리 서로 쌍시옷 먹었다고
어색해 하던 그 은사님이 오늘
끈 떨어진 풍선처럼 둥둥 혼자서 먼 길 떠나셨다

짝 잃은 시옷만 두고 혼자 가셨다
그 쌍시옷 찢고 가실 때
찢겨져 나간 그 자리가 얼마나 아팠을까

팔짱을 끼고 다정히 걸어가는 한 쌍의 남녀를 보고
"역시 하나보단 둘이 더 보기 좋다"시며
환하게 웃으시던 우리 선생님
그곳에서는 제발
끝까지 사모님과 쌍시옷 먹은 채
내내 행복하게 사세요.

애환의 길목

낙동강이 품고 있는 왜관에는
옛 나루터의 흔적이 고스란히 박혀있다
만남과 이별이 붐비던 곳,
진작 뱃길은 끊겨
그리움만 오롯이 절여진 채 말뚝으로 박혀있다

수난의 상징인 이름 倭館
그 왜관읍을 관통해 흐르는 낙동강 강변에
피딱지처럼 박혀있는 그곳이 나에겐
참 오래된 그리움이다
그리움은 물결 따라 흘러가는 것인가
헤아릴 수 없는 애환을 품고도 말없이 흘러가고 있다

오랜 수탈의 한숨이 채 가시기도 전에
새빨간 깃발에 맞서
핏빛 유서 한 장씩 가슴에 품고 돌진해 가던
피 끓는 젊은이들의 함성도
바짝바짝 타들어가던 부모형제들의 애간장도
나룻배 타고 등하교하던 학생들도
이미 다 흘러간 지금
다시는 드나들 수 없는 그 애환의 길목에는
그리움만 멀쑥하게 박혀 있다

>

그 길목에 어둠이 내려도
뱃사공은 늙다가 늙다 이젠 떠나고 없는데
강물마저 입을 꽉 다물었다

아직은 대오 속이다

한바탕 돌풍이 훑고 지나간 뒤
어질러진 마당을 쓴다
어지럽게 흩어진 젊은 낙엽들이
전장에 널브러진 주검처럼 나뒹굴고 있다

축복이었을까
아니면 슬픔이었을까
한 시절을 물들이다 문득 사라지는 저들은
대오에서 떨어지는 순간
영영 세상 밖으로 쓸려나가 금세
잊히고 말 존재들이다

아직은 대오 속에
아슬아슬하게 매달린 이파리들이
처음 맛본 자신의 시취屍臭에 바들바들 떨고 있다

이승은 언제나 무딘 듯 이어지면서도
칼날처럼 냉혹한 것,
머지않아 반드시 밀려날 내 모습을 쓸어내고 있다
설익은 꿈, 설익은 사랑, 설익은 무늬로
누군가의 가슴속에서
잠시 그리움으로 술렁이다 잊히고 말 나,
아직은 대오 속이다

여백의 맛

시래깃국을 먹고 있습니다
허겁지겁 먹는 나를 보고 아내가 묻습니다
"그렇게 맛있어요?"
"응, 나도 시래기니까" 응? 나도 몰래
뜬금없는 대답이 나왔습니다
나도 시래기라니?
곱씹어 생각해보니
제법 그럴듯한 대구인 듯 했습니다

거친 비바람에 맞서던 한 시절 다 지나
세상의 뒤란으로 물러나 꾸덕꾸덕 말라가는 지금
나도 시래기나 진배없지요

응달진 뒤란에서
느긋하게 말라갈 수 있다는 것은
이미 마음을 다 비우고 살아간다는 것, 그 맛은
텅 빈 가슴속을 휘돌아 나온
오카리나의 소박한 소리처럼 해맑게 우려낸 맛이지요
속속들이 시원해지는 그 맛이 바로
여백의 맛이랍니다
모처럼 제 마음에 쏙 드는 시 한 편 써놓고
제풀에 취한 시인처럼
텅 빈 그 맛에 취해 맛있게 먹고 있습니다

지금은 목욕 중

왜관철교가 강물에 뛰어들었다
한 맺힌 전쟁기념일에
제 몸뚱이가 처참하게 두 동강 났던 그 환갑날에
진작부터 작정한 듯
새벽시간에 맞춰 통째 강물에 뛰어들었다

2011년 6월 25일 새벽 4시에
아직도 한으로 흐르는
그 낙동강물에 뛰어들어 목욕 중이다

평화의 뒷덜미는 언제나 피로 물드는 것,

핏자국 선명한 채 한결같이
왜관댁은 왜관으로, 성주댁은 성주로, 약목댁은 약목으로
일일이 이어주고 건네주느라
미처 씻어내지 못한 피딱지를 이제야 씻고 있다
병들고 지쳐 앙상한 몰골로
황토물결 넘실대는 강물에 뛰어들어 목욕 중이다

아교처럼 달라붙은 울분도
삼팔선을 베고 누운 선열들의 한도
그들이 남기고 간 절규마저 말끔히 씻어내야 하는
지금은 오로지 목욕 중이다

下心

오로지 오체투지다
선운산 도솔천 물줄기가 더듬더듬
낮은 곳만 골라가며
멀고 먼 한 살이의 순례 길을 떠나고 있다

색색의 들꽃들이 가슴을 흔들어도
장난삼아 던진 돌팔매가 정수리에 내리꽂혀도
이승의 속성은 다 안다는 듯이
묵묵히 기어가고 있다

가파른 계단에 길들여져
낮은 것 따위는 아무도 거들떠보지 않는 세상에서
숨이 턱턱 막히는 산맥을 넘어
오체투지로 순례 길을 떠나는 티베트인들처럼
넘치지도 부족하지도 않은
딱 그만큼만의 소박한 꿈을 품고
도솔천 거친 밑바닥을 더듬고 더듬으며
묵묵히 기어가고 있다

얄밉게 제 앞길을 가로 막는 바윗돌 앞에서조차
한 마디 원망도 없이 선뜻
가랑이 밑으로 기어가며 서로 부축해가며

낮출 대로 낮춘
하심이 줄줄이 떠나고 있다

결박의 시간

밤물소리가 나를 가두고 있다
색색의 여름이 몰려드는 금원산 야영장에서
칠흑의 계곡물소리가 밤새
육중한 관으로 덮쳐와 나를 가두고 있다

질펀하게 건너온 세월의 무늬를
마음먹고 벗겨내려는 밤
꽃으로 활짝 피었다 사라진 밤하늘의 폭죽 같은
이빨자국 선명한 가계며
아교처럼 지워지지 않는 핏자국이며
흥건히 배인 비린내를
한 올도 남김없이 말끔히 씻어내려 찾아온
물 좋은 계곡이다

뒤틀린 운명에 엮여 오직
한 그루의 나무만 쳐다보느라 정작 숲을 보지 못해
부질없이 헤매다 지친 저물녘까지
알알이 쌓인 그 미련을
절지동물처럼 단호하게 끊어내느라
뒤척이는 밤
칠흑의 계곡물소리가 나를 통째 가두고 있다
관 뚜껑에 대못을 치듯 쾅 쾅
밤새 가두고 있다

매운 연가

그리움을 사르고 있다
선운사 명부전 제단 앞에 엎드려
뿌리 깊이 응어리진 그리움을 사르고 있다
차곡차곡 사려둔 추억들을
한 올 한 올 뒤적여가며 사르는
그리움이 맵다
수많은 세월이 흘렀는데도
차마 다 삭히지 못한 회한의 파편들이 맵다

이름 있는 날이면
새벽 장독대 위에 정화수 떠놓고
손발이 다 얼도록 빌고 또 빌어주던 그 은혜며
외로움이 시리게 조여 오는 밤
그 무게에 짓눌려
밤새 뒤척였을 청상의 한숨이 아리고 맵다

생솔가지보다 더 매운 그리움이
향불 연기에 젖어 또다시 응어리져도 어쩔 수 없다
어차피 한 줌의 한으로 묻힐
내 무덤가 자욱이 화인은 남을 테니까
매운 연가 머금고
둥둥, 들꽃으로 피어날 테니까

징검다리

무모한 도강이다
거센 물살을 따라 간들거리는
디딤돌을 딛고
마지막 한 걸음까지 건너 뛸 때
아슬아슬하게 안착하는 발, 무모한 도강이다

삶은 언제나 무모한 도전인 것,

우리네 한 살이는
참 무모하게도 건너는 것이지
단 한 순간도, 단 한 발걸음도 감히 멈출 수 없는
절박한 행간 행간에도
사랑하고 이별하고 기뻐하고 슬퍼하고 때로는
지울 수 없는 애증을 품고
한 발 한 발
들숨날숨으로 건너뛰는 것이지

덧난 상처 오롯이 새기고도
다시는 되돌아갈 수 없는 일방통행길이여!
피 묻은 발자국마저 금세 지우는
예외 없는 징검다리여!

찔레꽃 피다

찔레꽃이 피었다
올 봄에 담근 간장독에 소담스레 피었다
짭조름한 향기 하얗게 핀 저 꽃이
나에겐 남다른 그리움이다

먼 길 떠날 채비 서두르던 내 어머니가
한 평생을 두고 벅차게 곰삭은
당신의 애간장에다
자욱한 향기 옮겨 피우려 했던 그 찔레꽃이다

알뜰히 차려드린 밥상
부스러기 하나 남김없이 다 드시고도
잃어버린 정신을
다시 짭조름하게 채워 넣듯이
종지째 홀짝 마시곤 하던 그 간장의 독에
올해도 어김없이
동동, 그리움으로 피었다

향기 짙은 그리움이
내 가슴 베란다에서 까맣게 익어가는 지금
간장이 찔레꽃을 피웠다

앵두 익히는 기척

나는
소쩍새로
날밤을 새운다
겨울 더디 가더니
봄은 역시 꿈꾸듯 가고
어느새 여름이 성큼 다가와
너를 향한 그리움에 서럽게 운다
아득한 벼랑에서 마음 졸이던 너와 나,
어긋난 인연 끝에 매달려 피울음 우는 사이
기쁨도 슬픔도 미련도 다 버린 자죽 두고
서러움 반짝일 별이 되어 날아간 너,
어둠이 짙어질수록 더욱 빛나는
너의 혼불 태워서 알알이
앵두 익히는 기척에
날밤을 새운다
소쩍, 소쩍
나는

푸른 경전

빠끔히 열어둔 틈으로

자벌레 한 분 방문하셨다

푸르도록 다 비워

오체투지로 짓는 지 경전

그 갈피마다

화엄이 넘실거리고 있다

쪽빛 사랑

무릇이 울고 있다
새벽이슬 자욱한 도솔산 오솔길 길섶에서
내 발길을 잡으며 울고 있다
애타는 속내 감추고 간
그 시린 옷소매 잡지 못했던 그때를 후회하며
한 아름의 회한을 잡고 울고 있다
삼단 같은 머리 풀어헤친 채
가슴 조리는 그대여!
내 한때의 모습 같은 그대에게
가슴 따뜻이 다독여줄 시 한 편 써주고 싶다
사랑은 져도 그리움은 지지 않는 것,
기어이 엇갈린 인연을
다시 차지게 이어줄 오작교로 놓아주고 싶다
이루지 못해 죽어간 사랑이 아니라
죽음으로써 영원히 얻은
그 쪽빛 사랑을 그린 명시 한 편 바치고 싶다

해설

삶과 죽음의 경계에서 인간을 노래하다

이승하 시인 · 중앙대 교수

삶과 죽음의 경계에서 인간을 노래하다

이승하 시인 · 중앙대 교수

반경환 선생님께

오랜만에 전화를 받고 아주 많이 반가웠습니다. 대전과 서울이 그리 먼 거리가 아닌데 적조한 세월이 꽤 길었습니다. 문단 행사에 잘 안 나가다 보니 뵌 지 여러 해 된 것 같습니다. 목소리 듣고 무척 반가웠는데 이어지는 부탁의 말이 저를 난감하게 했습니다. 계간 『애지』의 시집 시리즈 '지혜사랑'을 통해 시집을 내려는 분이 있는데 해설을 써달라는 부탁을 하셨지요. 일단 시집 원고를 보자고 했더니 메일로 원고가 왔고, 원고 앞머리에 적힌 약력이 먼저 눈에 들어왔습니다. 전국흑염소전업농협회 부회장을 전에 했었고, 지금은 한솔목장 대표와 홍종빈축산아카데미 대표를 하고 있다고 하네요. 헐! 사업가? 저서목록을 보니 『특수가축』, 『흑염소 사양관리 기술』, 『흑염소 기술교육』이라……. 대략 난감. 등단지면은 나와 있지 않은데 시집은 2권이니 자비출판으로 등단한 분이네요. 더욱 난감. 나이는 70세. 시단에서는 완벽한 무명이니 자료를 찾아볼 수도 없고……. 흑염소와 더불어 한 생을 사신 분이 노년이 되어 할 일이 없어져 시를 쓰려는 것인가. 반경환 선생은 왜 하필 내게 전화를 하여 이렇게 난감하게 한단 말인가. 어떤 핑계를 대서라도 거절할 생각을 하였고, 일단 시집 원고를 검토한 뒤에 거절하기로 마음먹었습니다. 제일 앞머리의 시를 읽어보았지요.

낙동강 강가에서
마흔을 갓 넘긴 상복의 여인이
유골을 뿌리고 있다.
4월의 햇살에 꽃가루처럼 흩어지는 유골,
수면에 잠시 수피水皮로 떠돌더니
물결 속으로 빨려든다.
가슴에 고여 있던 눈물이
비로소 긴 강물이 되어 흐른다.
—「씨 뿌리는 봄날의 풍경」 제1연

어, 뭔가 좀 이상한 느낌이 들었습니다. 4월이면 파종할 때인데 낙동강 강가에서 '마흔을 갓 넘긴 상복의 여인'이 유골을 뿌리고 있다니 심상치 않다는 생각이 들면서 동시에 '솜씨가 아마추어가 아닌데' 하는 생각이 들었습니다. 하지만 이런 소재나 표현은 식상을 넘어 진부에 가까운 것이라 시큰둥한 마음으로 그 다음 연을 읽어보았습니다.

낙동강 둔치에서
일흔이 훨씬 넘은 농부가 허리를 굽힌 채
씨앗을 뿌리고 있다.
농부의 굽은 등허리 위로
4월의 햇살이 꽃가루처럼 쏟아지고 있다.
농부의 손에서 뿌려지는 씨앗,
햇살 아래 슬쩍 몸을 뒤척이다가

흙 속으로 묻혀간다.
흙속에 묻혀
비로소 한 생이 길을 열어가기 시작한다.
—「씨 뿌리는 봄날의 풍경」 제2연

제1연과 대조를 이루는 제2연은 외양은 비슷하지만 내용이 많이 다릅니다. 낙동강 둔치에서 일흔을 훨씬 넘긴 농부가 허리를 굽힌 채 씨앗을 뿌리고 있었으니까요. 강에 뿌려지는 유골과 땅에 흩뿌려지는 씨앗이라. 한 사람은 일찍 죽은 남편(아닐 수도 있지만 부모나 자식이 아닌 남편 같다는 느낌이 듭니다)의 유골을 흘러가는 강에다 뿌리고 있고 한 사람은 인생의 황혼기임에도 불구하고 새 생명을 틔우기 위해 씨앗을 뿌리고 있으니 생과 사의 신비를 더욱 절감하게 됩니다. 하지만 이 시의 재미는 앞의 두 연이 아니라 뒷부분에 있습니다.

멀리서 바라보면
강물과 둔치의 경계는 허물어져 있다.
물빛과 흙빛의 경계도 어느새 허공처럼 흐려져 있다.
유골을 뿌리는 여인과 농부가
봄날의 햇살 속에서 아른거리더니
기어이 한 무더기 아지랑이로 피어오른다.

뼛가루가 뿌려져 씨앗이 되고
씨앗이 뿌려져 뼛가루가 되는 것이다.

삶과 죽음이 가루로 뿌려져 하나의 뿌리로 묻히는 것을
먼 풍경으로 바라보는 봄날이다.

— 「씨 뿌리는 봄날의 풍경」 제3~5연

제가 예사롭지 않다고 여겨 바짝 긴장한 것은 시 후반부의 3개 연 때문이었습니다. 상복의 여인과 농부의 등장만으로는 좋은 시가 되지 않는데, 세 번째 연부터 시인은 "물빛과 흙빛의 경계"를 제시함으로써 죽음과 삶이 크게 다르지 않다는 것을 말해주고 있습니다. 물(강)은 자궁과 동일시되기도 하지요. 그런데 이 시에서는 유골이 가라앉는 주검의 장소이고, 다른 한편 흙 속으로 묻혀간 씨앗은 새로운 생명체로서 싹을 틔웁니다. 풍장이나 조장 같은 것도 있기는 하지만 시체를 묻는 매장지는 대개 흙으로 되어 있지요. 그래서인지 "뼛가루가 뿌려져 씨앗이 되고/ 씨앗이 뿌려져 뼛가루가 되는" 놀라운 발견에 이르게 됩니다. "삶과 죽음이 가루로 뿌려져 하나의 뿌리로 묻히는 것을/ 먼 풍경으로 바라보는 봄날" 홍종빈 시인은 만해 한용운 시에 나오는 "타고 남은 재가 다시 기름이 됩니다"는 구절의 뜻을 충분히 이해한 것이겠지요. 내일모레 죽을지도 모르는 노인이 씨앗을 뿌리며 새 생명을 꿈꾸고, 앞날이 구만리 같은 사람이 일찌감치 죽는 것이 타고난 운명이라고 하더라도 무엇을 뿌리는 두 사람의 행위는 생명을 거둬들이고 키우는 경건한 제의를 하고 있는 것이지요. 아지랑이에 어른거리는 두 사람의 비슷한 몸짓이 아주 다른 의미를 지니고 있지만 어찌 보면 生死存亡, 死生同苦, 生死大海……. 사는 것이 죽는 것이고 죽은 것이 사는 것이 아닐까요.

이 한 편의 시에 매료된 저는 다음 시를 읽지 않을 수 없었습니다. 내심 '어렵쇼'라는 말을 연발하면서. 그 다음 시에서는 늙은 양주가 식사를 하는 장면을 그리고 있습니다.

태어남과 죽음이, 하늘과 땅이, 낮과 밤이, 과거와 미래가,

전쟁과 평화가, 가난과 풍요가, 만남과 이별이, 기쁨과 슬픔이, 동전의 양면처럼 그 어느 것 하나도 대칭이 아닌 것이 없다는 생각
이승의 근간이 대칭이라는 생각
—「대칭의 시하侍下」 제3연

인용한 이 부분은 시집 전체를 관통하는 시인의 사상이 아닌가 싶습니다. 수십 년을 같이 산 부부 사이를 가리켜 흔히 琴瑟之樂이니 夫唱婦隨라고 말합니다. 함께한 세월이 길어지면서 닮은꼴이 되어갈지라도 "영원히 각자라는 생각"이 드는 것은 또 어찌할 수 없습니다. 상대방에 대해 종내 이해 못하는 구석이 있는 것이지요. 시인은 생사, 천지, 주야는 물론 '전쟁과 평화', '가난과 풍요', '만남과 이별', '기쁨과 슬픔' 등 그 어느 것도 대칭이 아닌 것이 없다는 생각을 합니다. 자연의 이모저모를 생각해봐도 바다와 육지, 산과 강, 해와 달, 봄과 가을, 여름과 겨울……. 대칭 아닌 것이 없을 정도입니다. 음과 양, 남자와 여자, 건곤감리도 자연의 이치대로 대칭인 것입니다. 시인은 대척지점의 가운데에 서서, 즉 경계에 서서 양자를 아우르려는 노력을 하려는 것이 아닐까요.

청소부 김씨가 사는 반 지하방이란 공간도 지하와 지상의 중간지점입니다. "지상과 지하의 경계에서 그는/ 반 인간으로/ 반 죽음과 반 삶 사이에/ 반 잠을 청한다"로 끝나는「반 지하방에서」를 보니 경계에 서서 양쪽을 다 보려는 시인의 인생철학이 아주 잘 나타나 있습니다. 집중과 배제가 아니라 포용과 포괄의 철학인 것이지요. 시인에게 양자택일을 요하는 이분법적인 사고는 금기입니다. 중간지점에서 양자를 잘 아우르려는 사상의 시발점은 자사子思의『中庸』이 아닐까요.

저승을 더듬은 손으로 다시 거머쥔 것은
부드러운 바람의 노래가 아니라
이승의 삶에서 익히고 또 익힌 빳빳한 독기였던가
찔릴수록 더욱 모질게 도려내는 내 손과
낫날이 속살을 파고들수록
더욱 새파랗게 독기를 내뿜는 무덤의 손,

내미는 족족 베어지는 손이지만
그 빈손의 뿌리는
까마득한 흙 속에 숨어 독한 가시를 키우고 있다
이승의 손으로는 감히 베어낼 수 없는
가시의 뿌리가
내 생의 한쪽을 깊숙이 찔러온다.
—「가시」 후반부

동서양을 합쳐 대제국을 만든 알렉산더 대왕이 죽을 때 "내가 죽으면 관 밖으로 내 손을 내어놓도록 하라"고 했다는 유언이 이 시의 창작 동기입니다. 대왕은 대제국을 만들어놓든 어떻든 간에 죽을 때는 누구나 빈손으로 간다는 것을 보여주기 위해 이렇게 유언했다고 합니다. 시인은 空手來空手去와는 좀 다른 차원의 이야기를 하고 있습니다. "저승을 더듬은 손"과 "무덤이 내미는 손"은 차원이 다릅니다. 전자는 아직은 이승에 있는 것이며 후자는 이미 저승에 간 것입니다. 인간의 생이란 것을 곰곰이 생각해보면 죽음의 사신이 찾아오기를 기다리고 있는 시간입니다. 진시황도 나이 쉰에 죽지 않았습니까. 그렇기 때문에 "이승의 손으로는 감히 베어낼 수 없는/ 가시의 뿌리가/ 내 생의 한쪽을 깊숙이 찔러온다"는 대목을, 죽음에 관련

된 온갖 것들이 이승에서 잘 살고 있는 나에게 와서 영향력을 행사하는 것으로 받아들을 수 있지 않을까요. 거부할 도리가 없는 죽음이라면 죽음을 갖고 놀아야 하는 것이지요.

> 어둠은 온기의 모태인가?
> 무엇이든 흘러들면 온기로 품는 곳,
> 어둠의 품에서 밥을 먹고 잠을 자고 아이를 낳고
> 그 온기로 뿌리를 뻗는다
> 왁자지껄 흘러드는 여인들의 수다 소리에서부터
> 지친 발걸음 소리까지 다 온기로 품는 이곳,
> —「어둠의 온기」 제3연

어둠은 대개 죽음의 세계를 나타내는 것이어서 항다반사 금기시해 왔습니다. 하지만 시인은 어둠이 온기의 모태일지 모른다고 했습니다. 모체로부터 영양분이 공급되는 편안하고 따뜻한 곳인 자궁이 어둡다고 하여 시인은 어둠을 '암흑'이나 '흑방'으로 표현하지 않습니다. "어둠의 품에서 밥을 먹고 잠을 자고 아이를 낳고/ 그 온기로 뿌리를 뻗는다"고 했습니다. 생명이 자라는 곳이 꽤나 어두울지라도 그곳은 따뜻한 곳이며 아늑한 곳입니다. 여인들의 수다 소리에서부터 사람들의 지친 발걸음 소리까지 생의 온기를 품은 곳이 바로 어둠의 세계, 어둡지만 아늑한 세계입니다. 하지만 「파종」이란 시를 보면 "일생을 재도 다 잴 수 없는 한 길의 간극/ 그 간극을 감히 넘나들며/ 알알이 물어 나른/ 죽음의 씨앗"이라고 하며 생명을 곧바로 죽음과 결부시키기도 합니다. 흡사 T. S. 엘리엇이 "4월은 가장 잔인한 달, 라일락꽃을 죽은 땅에서 피우며, 추억과 욕망을 뒤섞고, 봄비로 활기 없는 뿌리를 일깨운다. 겨울이 오히려 우리를 따뜻하게 해주었다"고 역설적으로 노래했던 것처럼 말입니다.

철쭉이 질 무렵 6·25 때의 격전지 다부원에 다녀온 시인은 "두 동강이 나버린 산하를 휘돌아온 바람이/ 가지마다 송이송이/ 피 묻은 울음으로 피었다 지는 것"(「바람의 무덤」)이라고 썼습니다. 바람은 생명이나 생성을 상징하는데 모든 움직임이 멈추는 죽음과 결부시킨 것도 이색적입니다. 시인묵객은 예로부터 봄이 오면 생명의 소생을 예찬하고 여름이 오면 성하의 녹음을 노래해 왔습니다. 가을이 오면 조락의 비애를 묘사하고 겨울이 오면 인고의 시간을 다루는 것이 상례인데 홍 시인은 이런 상식을 거부하고 있습니다. 이제 시집의 제목으로 삼은 시를 한번 볼까요?

> 처절한 꽃이다
> 젓가락 끝에 집힌 빙어가
> 제 한 생이 통째로 으깨지는 최후의 순간까지
> 티 없이 맑은 속을 드러내 보이며
> 처절한 꽃을 피우고 있다
>
> 한 올 타협의 여지도 없는 나락에서도 오직
> 순수만 고집하는 그로서는
> 제 영혼 밑바닥까지 다 까발려도
> 한 점 부끄럼 없는
> 그 신념의 꽃을 위해 목숨을 걸었다는 거다
>
> —「젓가락 끝에 피는 꽃」 제1, 2연

강원도 양평과 인제에서 겨울 빙어 축제가 열리면 사람들이 엄청나게 몰려가서 낚시와 식도락의 즐거움을 누리고 오지요. 빙어의 입장에서 보면 홀로코스트이지만 사람들이 빙어의 아픔을 생각합니까. 시인은 빙어를 "처절한 꽃"이라고 했습니다. "제 한 생이 통째로 으깨지는 최후의 순간까지/ 티 없이 맑은 속을 드러내 보이며/ 처절한 꽃을 피우고 있다"고요. 제2연에 나오는 '그'는 제3연에 나오는 '양심수'와 가난 때문에 "아파트 15층 아래로 투신한 어미"와 연결이 됩니다. "제 영혼 밑바닥까지 다 까발려도/ 한 점 부끄럼 없는/ 그 신념의 꽃"을 피우려고 했다는 점에서 인간의 입 안에서 통째로 으깨지는 빙어나 양심수나 자살한 어미나 똑같은 존재입니다. 젓가락 끝에 피는 꽃으로 시인은 한 예를 더 듭니다. "조선의 아들임을 오로지 긍지로 품고/ 조국독립의 무게에 짓눌려/ 민 이국땅의 외로운 들꽃이 된 내 외할아버지"도 빙어처럼 목숨이 으깨져 꽃이 된 존재입니다. 실제로 시인의 외할아버지가 독립운동가였는지는 제가 확인해보지 않아 알 수 없지만 그렇게 자신의 목숨을 내던져 조국 광복의 꽃으로 산화한 이가 어디 한둘이었습니까. 마지막 연이 가슴을 아프게 때립니다. 그 꽃은 "흙탕물에 빌붙어 사는 미꾸라지들", 즉 친일파나 변절자에게는 "등골이 섬뜩할" 처절한 꽃으로 죽어간 사람들이 이 세상에는 적잖이 있습니다. 의인으로 존경받는 사람도 많지만 훨씬 많은 사람이 허허벌판에서 죽어갔습니다. 그들의 죽음을 시인은 "처절한 꽃"이었다고 높이 기리고 싶었던 것이겠지요.

이 시 이후 시인은 가족사의 편린을 보여줍니다. 자신의 가족사일 수도 있을 것이고, 이웃이나 친척의 사연일 수도 있을 것입니다. 아니면 이 땅에 들풀처럼 떨어져 뿌리내리고 살다가 사라진 장삼이사의 삶이기도 하겠지요.

다섯 살에 아버지 여의고
내 세상의 전부였던 울 엄매는
염소 소리 기어이 끌고서야 깜깜하게 돌아왔습니다
누나 손잡고도 무서워 초롱불 들고
산모롱이로 마중 나갔던
까마득히 먼 그 시절로 나를 데려다 주는 소리
엄매, 엄매, 엄매,
60년을 훌쩍 거슬러 울고 있습니다
—「장에 간 울 엄매」 부분

당신의 이름도 나이도
그토록 애지중지 다듬은 아들딸의 기억조차도
한 올 남김없이 지우던 내 어머니,
흙탕물 질척이는 늪 속을 건너느라 차곡차곡 쟁여둔
애환의 찌꺼기들을 쏟아내
이승 구석구석에 얼룩진 당신의 비린 흔적들을
알뜰히 지우던 그 몸짓은
값진 낙화를 예단한 최후의 퍼포먼스,
—「아린 덧칠」 부분

염소를 키우려고 염소 사러 간 어머니를 기다리는 누나와 남동생의 모습이 눈앞에 선연히 그려집니다. 결국 한밤중에 엄매, 엄매 우는 염소를 데리고 나타난 어머니가 소년은 얼마나 반가웠을까요. 화자가 다섯 살 때 돌아가셨다는 아버지의 부재로 졸지에 가장이 된 어머니 한평생의 고생도 미루어 짐작이 갑니다. 그런데 그 어머니가 치매를 앓게 됩니다. 짐짓 아무렇지 않은 듯 써 내려가고 있지만 치매노인의 마지막 모습이 가족들에게 얼마나 많은 슬픔을 주는지 알 듯도 합니다. 어머니는 당신의 이름도 나이도 잊어버리고, 아들딸에 대한 기억마저도 뇌리에서 완전히 내몰고 맙니다. 하지만 그것은 정신을 놓아 "이 세상 모든 굴레에서 벗어나는 일"이니, 본인은 편안해진 것이 아닐까요? 지켜보는 가족은 가슴을 칠 일이지만. 자형이 두 번 나옵니다.

옹골차게 날갯짓하던 그 모습은 어디 두고
대구시립요양원 눅눅한 병실 한 구석에서 수년째
죽지도 살지도 못해 사육되고 있는
아흔한 살의 내 자형이
생사의 길목에서 서성이고 있다
—「꺾꽂이」 부분

때맞춰 떠날 수 있다는 것은
누가 뭐래도
우리네 한 살이의 마지막 행운인 것이다

대구시립요양원 병실 한쪽 구석에 처박혀
수년째 사육되고 있는
아흔한 살의 내 자형을 보면
—「축복의 계절」 끝부분

이런 식으로 산다는 것이 도대체 무슨 의미일까요. 인간은 목숨을 현대의학이 살려주는 그 순간까지 유지해야 하는 것일까요. 시인은 죽은 것도 아니고 산 것도 아닌 타인의 경우를 보며 삶과 죽음의 경계에 서서 다시금 生死同苦를 생각해보았던 것이겠지요. 어떤 날은 "그 탯줄 끝에 내 무덤이 있다"(「오솔길」)고 했다가, "어느 날 문득 나도/ 시공의 행간을 가로질러 훨훨/ 한 줄기 화한 박하향기처럼 오는 듯 가야 한다"(「서글픈 핑계」)면서 자신의 이승에서의 마지막 날을 떠올려보기도 합니다. 생명체들의 수명 혹은 생명력에 대한 시인의 연구는 계속해서 이어집니다. 살아 있다는 것이 실은 힘겹게 비티고 있는 것임을 시인은 곳곳에서 말하고 있습니다. 화왕산 꼭대기의 억새는 불어오는 바람을 맞으며 "제 몸을 통째 벼린 날선 칼날로 치켜들고/ 쉼 없이 휘두르고"(「사랑의 변주」) 있고, "죽어가던 고목의 밑동에서/ 진작 잊힌 줄 알았던 연둣빛 새움이/ 빠끔히 돋아나고"(「부활은 유죄다」) 있습니다. 자벌레 한 마리도 "오체투지로 짓는 저 경전// 그 갈피마다// 화엄이 넘실거리고"(「푸른 경전」) 있는 거룩한 생명체입니다.

인간세상에서 이루어지는 생명체의 노력도 다를 바 없습니다. 문경사과축제 행사장에 가보았더니 꿀사과 한 상자는 "노오란 속살로 채워지기까지/ 이를 악물고 완숙시킨 농부의 심장 소리"(「선홍빛 아우성」)였고, 아파트 계단에서 대걸레를 들고 청소하는 그녀는 "지뢰밭 같은 나날 속에/ 기어이 건져내야만 할 한 줄기 빛을 찾아/ 하루를 팔아 하루를"(「맞장 뜨는 중이다」) 더는 인고의 존재였습니다. 죽는 것이 오히려 쉽고, 사는 것이 이렇게 어렵나 봅니다.

홍종빈 시인은 왜관 태생이신데, 왜관이면 제 고향 김천에서도 아주 가까운 곳이지요. 반경환 선생님이 저를 해설자로 택한 이유가 여기에도 있지 않나 싶습니다. 시집의 종반부로 가면서 고향의 아픈 역사를 다음과 같이 더듬고 있습니다.

오랜 수탈의 한숨이 채 가시기도 전에

새빨간 깃발에 맞서
핏빛 유서 한 장씩 가슴에 품고 돌진해 가던
피 끓는 젊은이들의 함성도
바짝바짝 타들어가던 부모형제들의 애간장도
나룻배 타고 등하교하던 학생들도
이미 다 흘러간 지금
다시는 드나들 수 없는 그 애환의 길목에는
그리움만 멀쑥하게 박혀 있다
—「애환의 길목」 제3연

일제 강점기 때의 식량 수탈과 6·25 때의 왜관전투, 전후의 가난도 이제는 나 과거지사가 되었습니다. 낙동강의 나룻배를 저어 학생들을 등하교시키던 뱃사공도 이미 세상을 떠났고 강물도 입을 '꽉' 다물었습니다. 북한군의 남하를 저지하기 위해 폭파한 왜관철교의 폭파 재현 모습을 2011년 6·25 기념일에 보았나 봅니다. 시인은 왜관철교의 역사적 의미를 살펴보면서 "평화의 뒷덜미는 언제나 피로 물드는 것"(「지금은 목욕 중」)이라는 교훈을 잊지 말라고 말합니다.

이제 제일 뒤에 놓인 시를 살펴볼 시간이 되었습니다. 이 시는 일종의 시론이 아닌가 싶습니다. 왜 시를 써온 것인지, 어떤 시를 쓰고 싶은지에 대한 생각 같은 것.

내 한때의 모습 같은 그대에게
가슴 따뜻이 다독여줄 시 한 편 써주고 싶다
사랑은 져도 그리움은 지지 않는 것,
기어이 엇갈린 인연을
다시 차지게 이어줄 오작교로 놓아주고 싶다

이루지 못해 죽어간 사랑이 아니라
죽음으로써 영원히 얻은
그 쪽빛 사랑을 그린 명시 한 편 바치고 싶다
—「쪽빛 사랑」 후반부

반경환 선생님!

홍종빈 선생이 從心의 나이에 이르러 왜 이렇게 시를 쓰고 싶어하는지, 이제 알겠습니다. 그대에게 가슴 따뜻이 다독여줄 시 한 편 써주고 싶어서라고 하네요. 그 누군가를 향한 사랑의 감정을 부활시킬 수는 없지만 그리워하는 마음은 예나 다를 바 없다고요. 그렇지요, "죽음으로써 영원히 얻은/ 그 쪽빛 사랑을 그린 명시 한 편"에 대한 꿈은 저도 갖고 있습니다. 그런 시 그대에게 바치는 날이 꼭 오기를 바랍니다. 반경환 선생님이 소개해주신 홍종빈 시인의 시집 원고에 대한 저의 독후감 쓰기는 여기까지입니다. 언제 같이 한번 뵙기를 바랍니다.

홍종빈

홍종빈 시인은 경북 왜관에서 태어났고, '문학저널 신인상'으로 등단했다. 시집으로는『2인 3각』,『가시』등이 있으며, 그밖의 저서로는『특수가축』,『흑염소 사양관리 기술』,『흑염소 기술교육』등이 있다. 전 국제라이온스협회 왜관클럽 회장, 전 왜관체육회 회장, 전 전국흑염소전업농협회 부회장, 한솔목장 대표, 홍종빈 축산아카데미 대표로 있으며, 현재 한국문인협회 대구광역시지회 회원, 경상북도지회 회원, 칠곡문인협회 회원, 21C 생활문인협회 회원, 애지문학회 회원, 시나루 동인으로 활동하고 있다.

『젓가락 끝에 피는 꽃』은 홍종빈 시인의 세 번째 시집이며, 붉디 붉은 서산의 저녁 노을과도 같은 순교자의 삶을 노래한 시집이라고 할 수가 있다. 티없이 맑은 속을 드러내 보이며 처절한 꽃을 피운 빙어, 오직 조선의 아들임을 긍지로 삼고 머나먼 이국땅에서 순교해간 할아버지—. 시인은 아름답고 행복한 삶을 노래하게 되고, 그 결과, 그는 '젓가락 끝에 피는 꽃'으로 활짝 피어나게 된 것이다.

이메일 : hjb3268@daum.net

홍종빈 시집

젓가락 끝에 피는 꽃

발　　행　2013년 12월 5일
지 은 이　홍종빈
펴 낸 이　반송림
편집디자인　김지호
펴 낸 곳　도서출판 지혜
　　　　　계간시전문지 애지
기획위원　반경환 이형권 황정산
주　　소　300-812 대전광역시 동구 삼성1동 273-6
전　　화　042-625-1140
팩　　스　042-627-1140

전자우편　ejisarang@hanmail.net
애지카페　cafe.daum.net/ejiliterature

ISBN : 978-89-97386-77-2　03810
값 8,000원